# ¿Qué tiene ruedas?

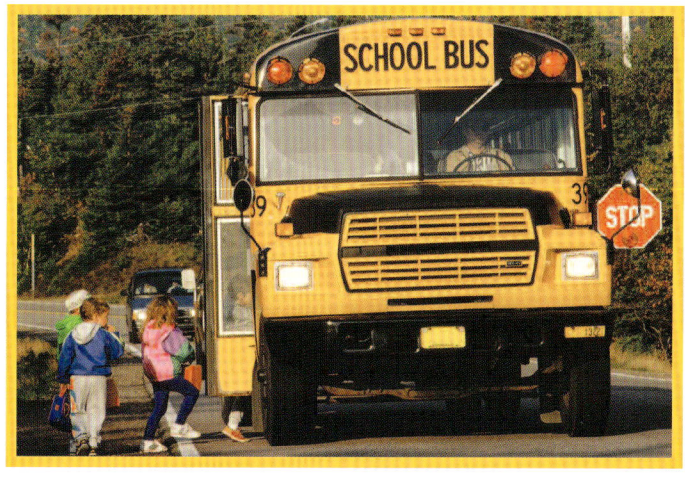

escrito por Karen Hoenecke

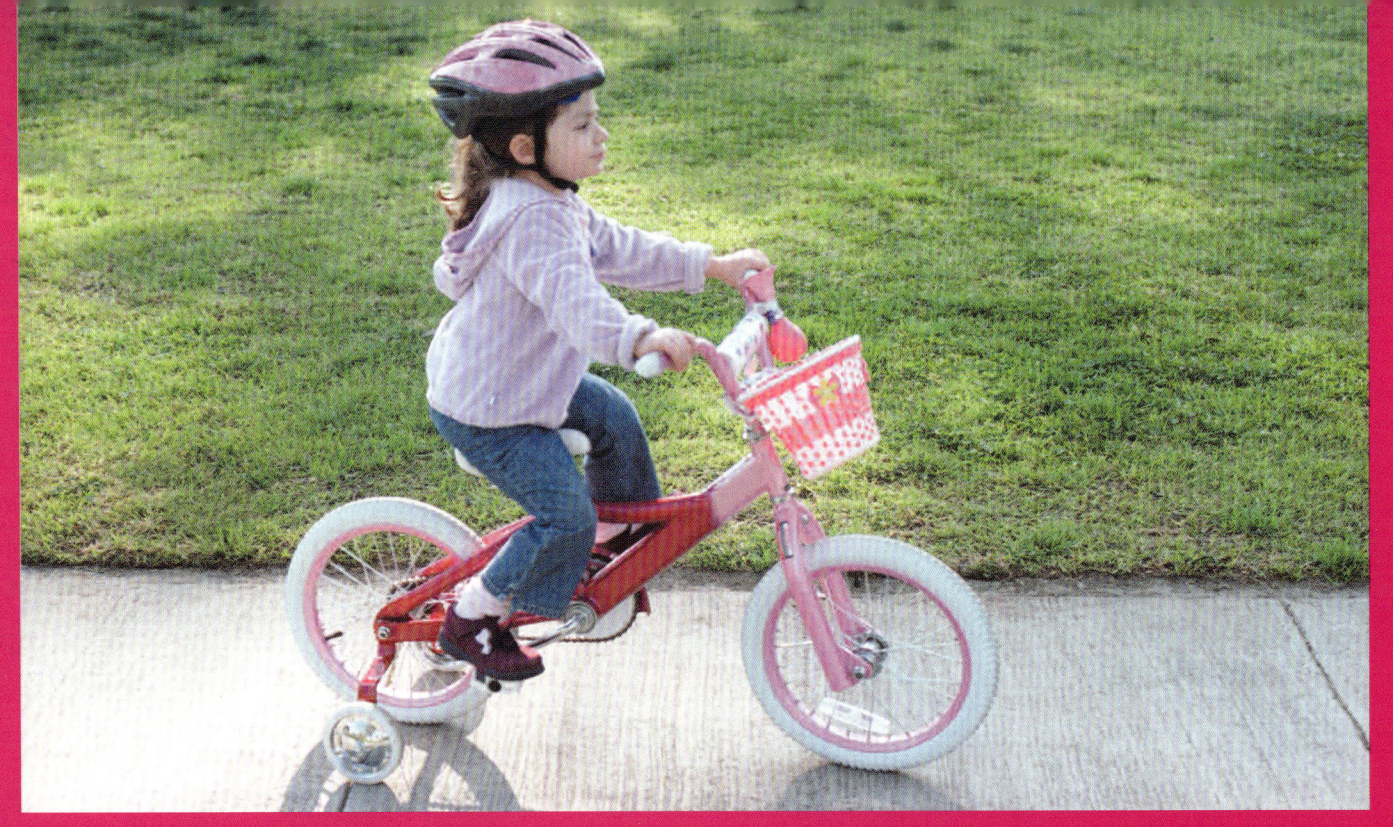

Una bicicleta tiene ruedas.

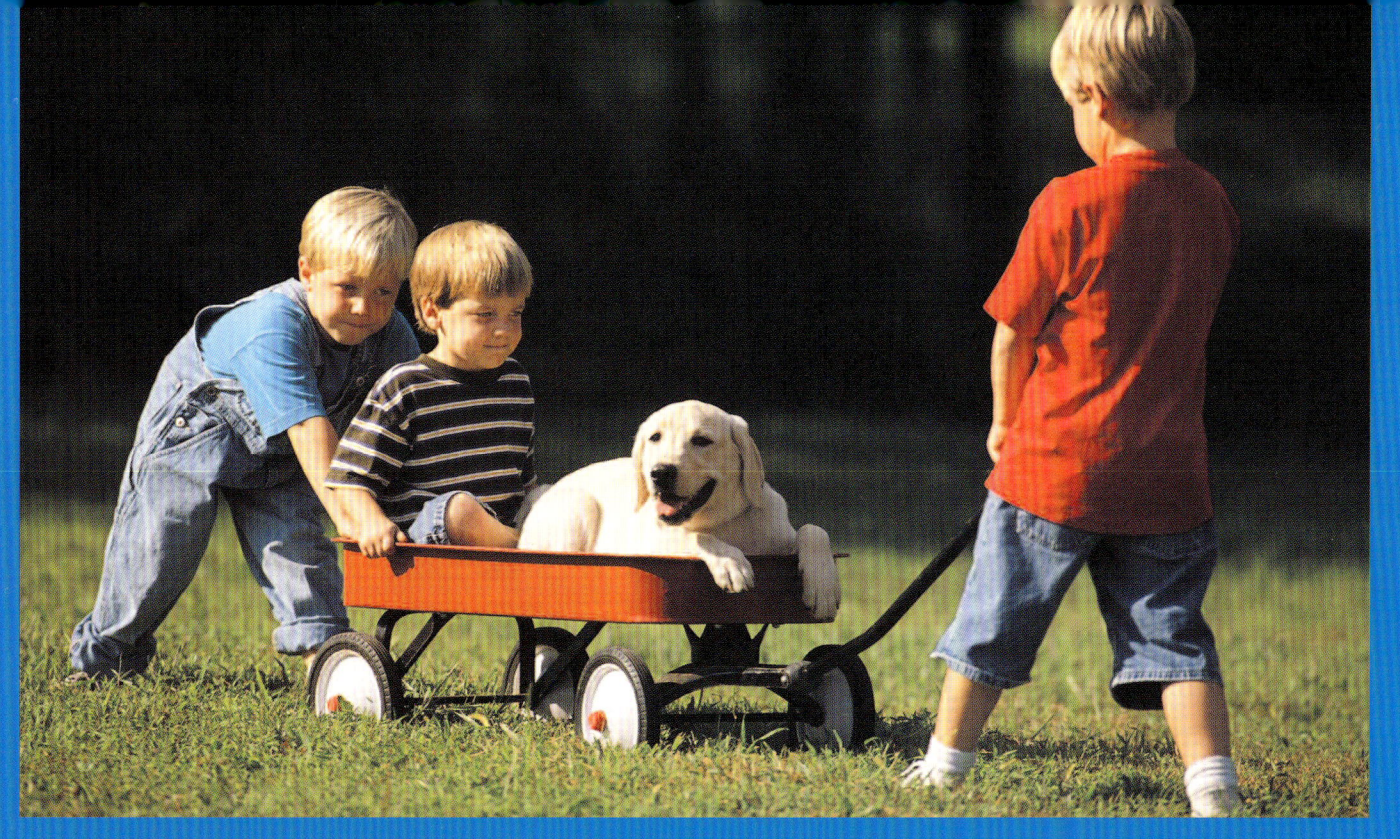

Un vagón tiene ruedas.

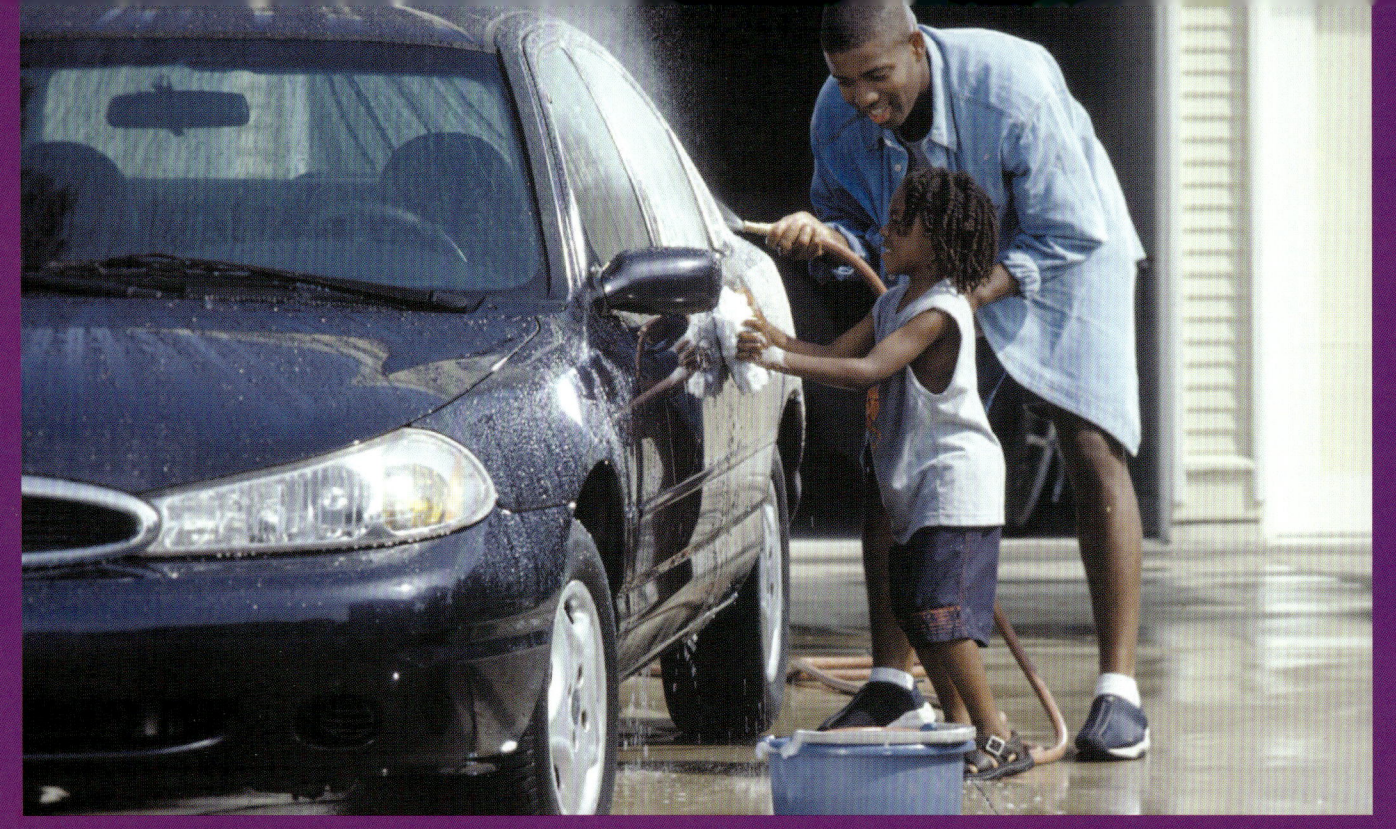

Un carro tiene ruedas.

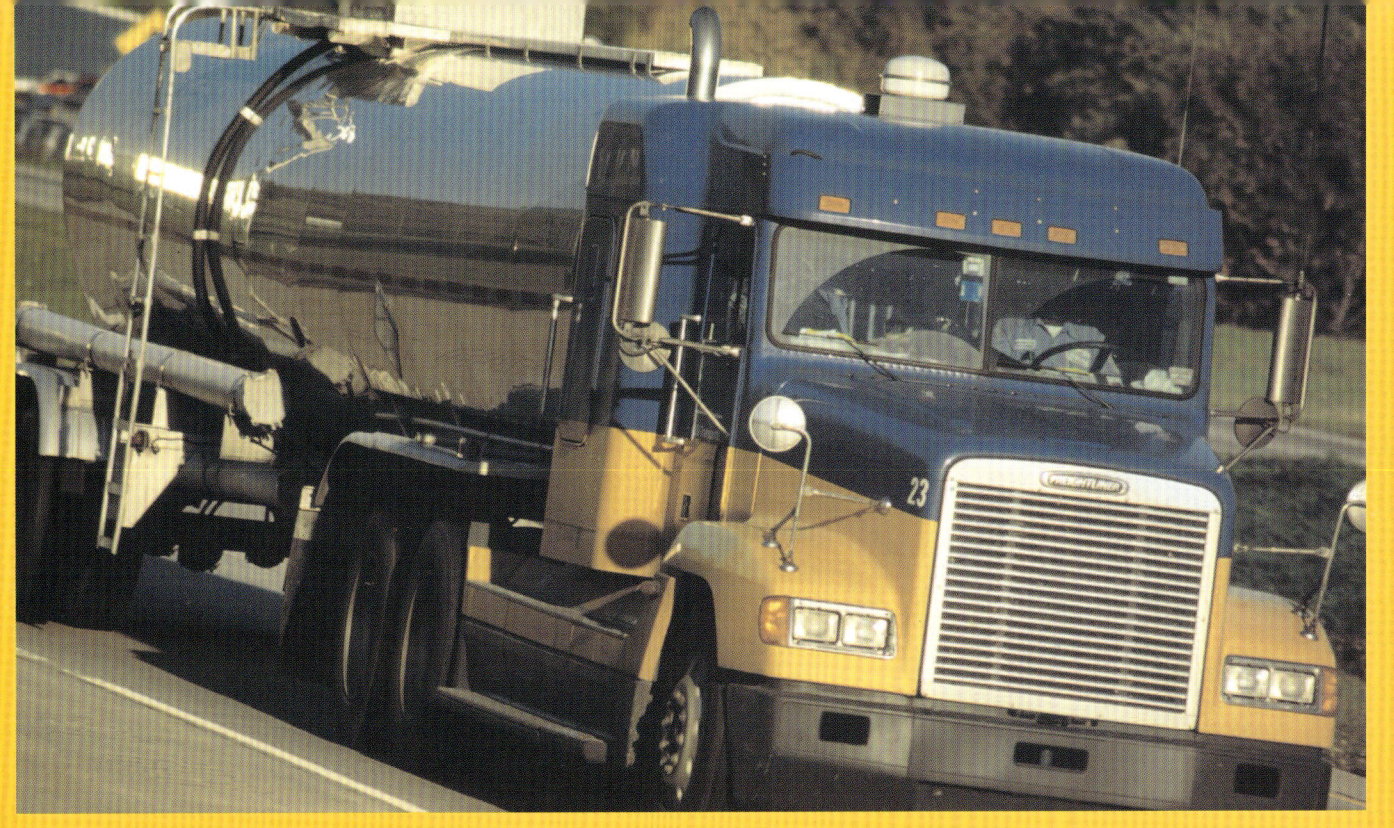

Un camión tiene ruedas.

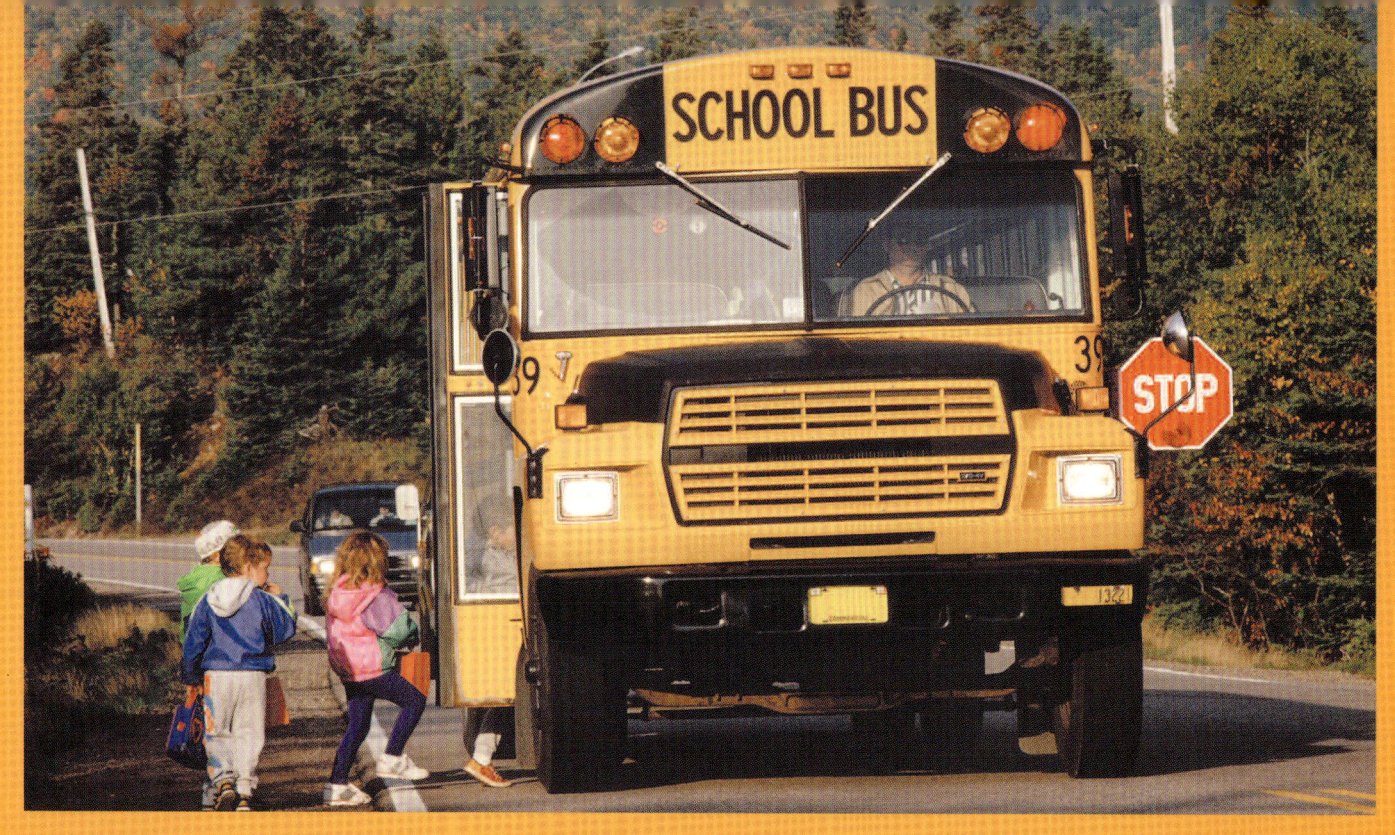

Un autobús tiene ruedas.

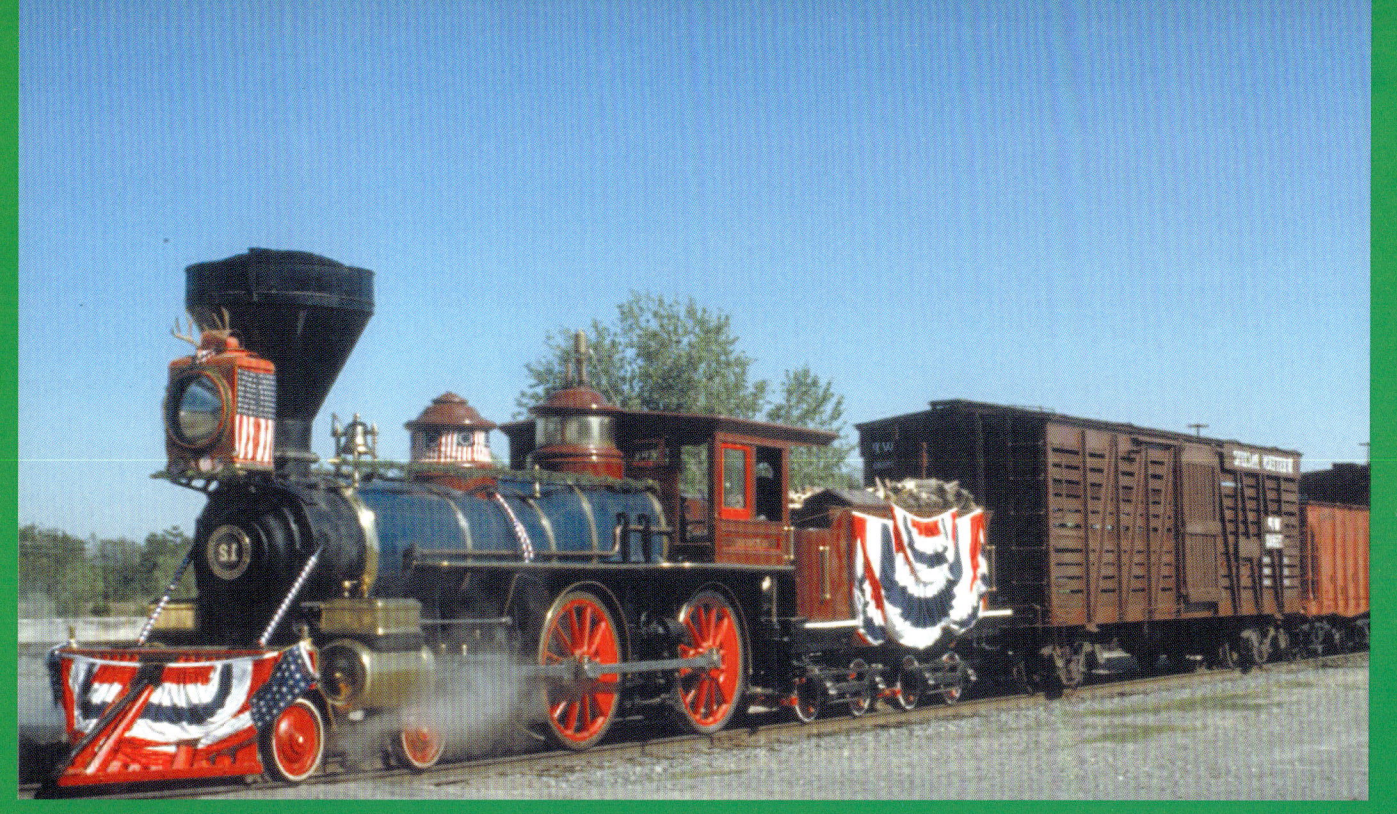

Un tren tiene ruedas.

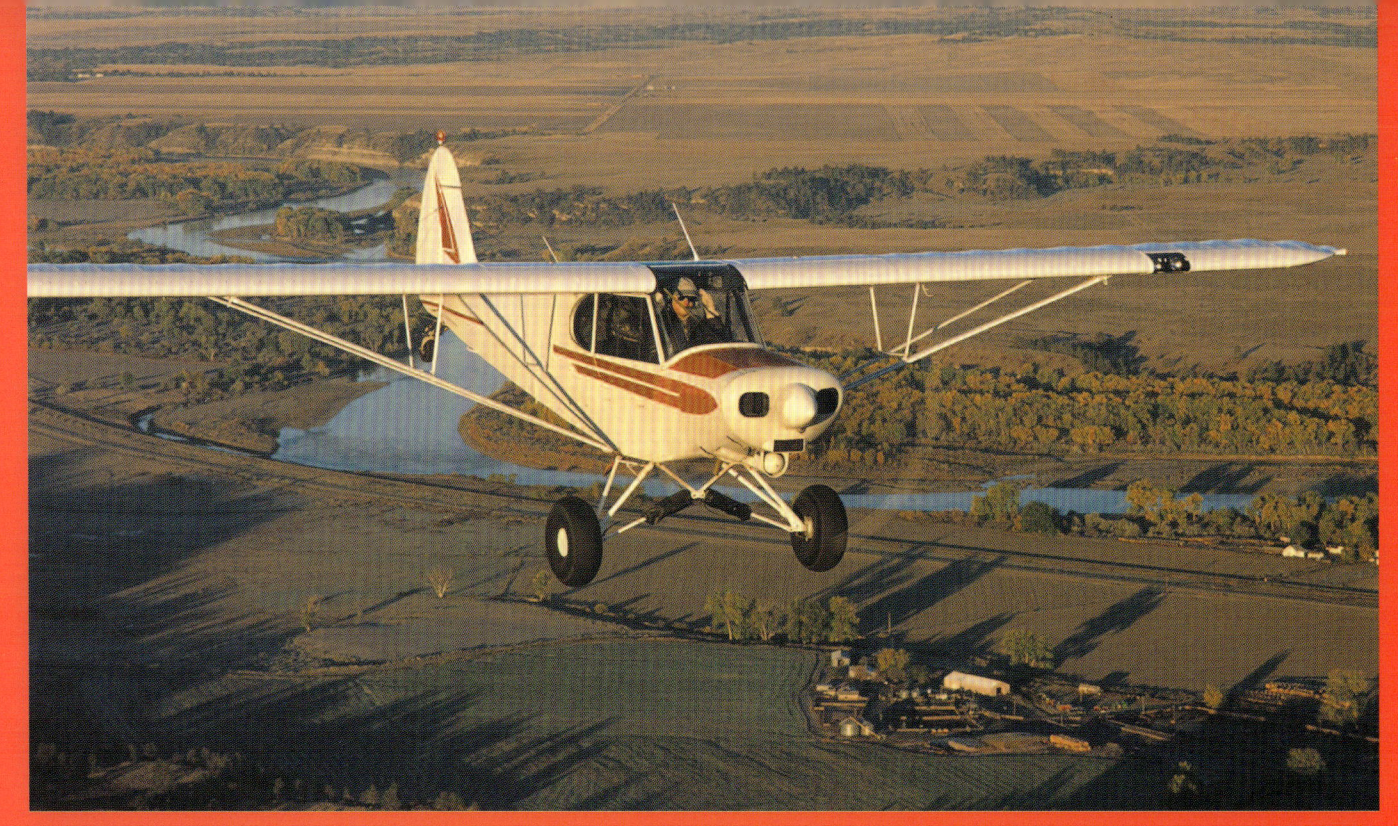

Un avión tiene ruedas.